школа - škola	2
путешествие - putešestvie	5
транспорт - transport	8
город - gorod	10
ландшафт - landšaft	14
ресторан - restoran	17
супермаркет - supermarket	20
напитки - napitki	22
еда - eda	23
ферма - ferma	27
дом - dom	31
гостиная - gostinaâ	33
кухня - kuhnâ	35
ванная комната - vannaâ komnata	38
детская комната - detskaâ komnata	42
одежда - odežda	44
офис - ofis	49
экономика - èkonomika	51
профессии - professii	53
инструменты - instrumenty	56
музыкальные инструменты - muzykal'nye instrumenty	57
зоопарк - zoopark	59
спорт - sport	62
действия - dejstviâ	63
семья - sem'â	67
тело - telo	68
больница - bol'nica	72
неотложный случай - neotložnyj slučaj	76
земля - zemlâ	77
часы - časy	79
неделя - nedelâ	80
год - god	81
формы - formy	83
цвета - cveta	84
противоположности - protivopoložnosti	85
цифры - cyfry	88
языки - âzyki	90
кто / что / как - kto / čto / kak	91
где - gde	92

Impressum
Verlag: BABADADA GmbH, Nedderfeld 112 , 22529 Hamburg
Geschäftsführer / Verlagsleitung: Harald Hof
Druck: Books on Demand GmbH, In de Tarpen 42, 22848 Norderstedt

Imprint
Publisher: BABADADA GmbH, Nedderfeld 112 , 22529 Hamburg, Germany
Managing Director / Publishing direction: Harald Hof
Print: Books on Demand GmbH, In de Tarpen 42, 22848 Norderstedt, Germany

школа
škola

делить / delit'

доска / doska

классная комната / klassnaâ komnata

школьный двор / škol'nyj dvor

учитель / učitel'

бумага / bumaga

ручка / ručka

письменный стол / pis'mennyj stol

линейка / linejka

писать / pisat'

книга / kniga

ученик / učenik

ранец
ranec

пенал
penal

карандаш
karandaš

точилка
točilka

ластик
lastik

альбом для рисования
al'bom dlâ risovaniâ

рисунок
risunok

кисточка
kistočka

коробка красок
korobka krasok

ножницы
nožnicy

клей
klej

тетрадь
tetrad'

домашняя работа
domašnââ rabota

цифра
cyfra

прибавлять
pribavlât'

вычитать
vyčitat'

умножать
umnožat'

считать
sčitat'

буква
bukva

алфавит
alfavit

слово
slovo

школа - škola

текст	читать	мел
tekst	čitať	mel

урок	классный журнал	экзамен
urok	klassnyj žurnal	èkzamen

диплом	школьная форма	образование
diplom	škol'naâ forma	obrazovanie

энциклопедия	университет	микроскоп
èncyklopediâ	universitet	mikroskop

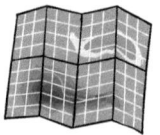 

карта	корзина для бумаг
karta	korzina dlâ bumag

школа - škola

путешествие
putešestvie

гостиница / gostinica

турбаза / turbaza

пункт обмена валюты / punkt obmena valûty

чемодан / čemodan

автомобиль / avtomobil'

язык
âzyk

да / нет
da / net

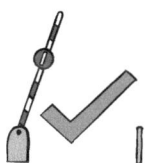

хорошо
horošo

Привет
Privet

переводчик
perevodčik

Спасибо
Spasibo

путешествие - putešestvie

Сколько стоит...?
Skol'ko stoit...?

Я не понимаю
Â ne ponimaû

проблема
problema

Добрый вечер!
Dobryj večer!

Доброе утро!
Dobroe utro!

Доброй ночи!
Dobroj noči!

До свидания
Do svidaniâ

направление
napravlenie

багаж
bagaž

сумка
sumka

рюкзак
rûkzak

гость
gost'

комната
komnata

спальный мешок
spal'nyj mešok

палатка
palatka

путешествие - putešestvie

туристическая информация
turističeskaâ informacyâ

пляж
plâž

кредитная карточка
kreditnaâ kartočka

завтрак
zavtrak

обед
obed

ужин
užyn

билет
bilet

лифт
lift

почтовая марка
počtovaâ marka

граница
granica

таможня
tamožnâ

посольство
posol'stvo

виза
viza

паспорт
pasport

путешествие - putešestvie

транспорт
transport

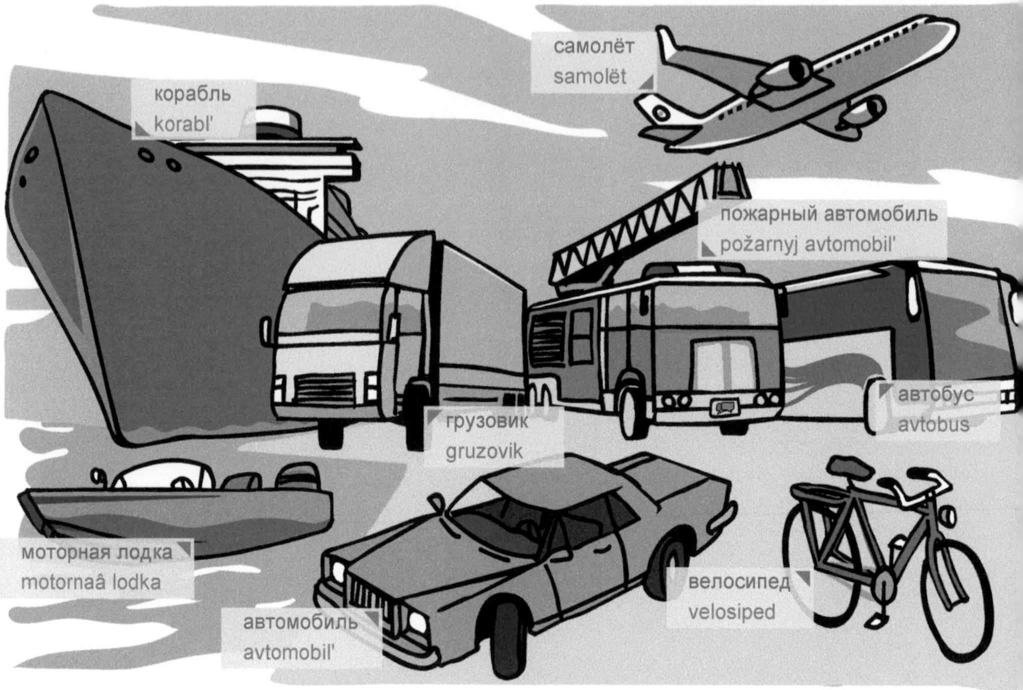

самолёт
samolët

корабль
korabl'

пожарный автомобиль
požarnyj avtomobil'

автобус
avtobus

грузовик
gruzovik

моторная лодка
motornaâ lodka

велосипед
velosiped

автомобиль
avtomobil'

паром
parom

лодка
lodka

мотоцикл
motocykl

полицейский автомобиль
policejskij avtomobil'

гоночный автомобиль
gonočnyj avtomobil'

арендованный автомобиль
arendovannyj avtomobil'

совместное пользование автомобилями
sovmestnoe pol'zovanie avtomobilâmi

буксировочный автомобиль
buksirovočnyj avtomobil'

мусоровоз
musorovoz

двигатель
dvigatel'

топливо
toplivo

заправка
zapravka

дорожный знак
dorožnyj znak

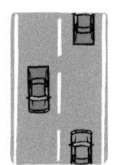

движение
dviženie

пробка
probka

автостоянка
avtostoânka

вокзал
vokzal

рельсы
rel'sy

поезд
poezd

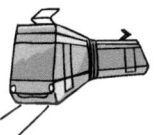

трамвай
tramvaj

вагон
vagon

вертолёт
vertolët

аэропорт
aèroport

вышка
vyška

пассажир
passažyr

контейнер
kontejner

коробка
korobka

тележка
teležka

корзина
korzina

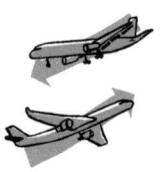
взлетать / приземляться
vzletat' / prizemlât'sâ

город
gorod

деревня
derevnâ

центр города
centr goroda

дом
dom

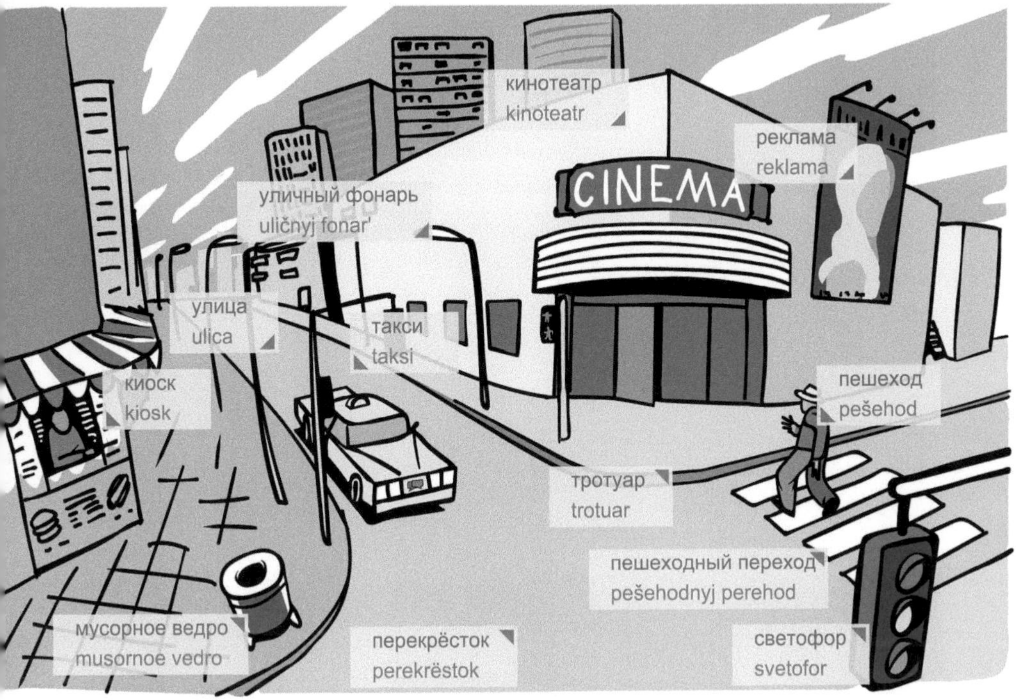

кинотеатр / kinoteatr

реклама / reklama

уличный фонарь / uličnyj fonar'

улица / ulica

такси / taksi

пешеход / pešehod

киоск / kiosk

тротуар / trotuar

пешеходный переход / pešehodnyj perehod

мусорное ведро / musornoe vedro

перекрёсток / perekrëstok

светофор / svetofor

хижина
hižyna

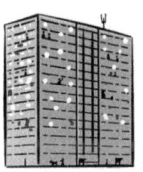

квартира
kvartira

вокзал
vokzal

ратуша
ratuša

музей
muzej

школа
škola

город - gorod

университет
universitet

банк
bank

больница
bol'nica

гостиница
gostinica

аптека
apteka

офис
ofis

книжный магазин
knižnyj magazin

магазин
magazin

цветочный магазин
cvetočnyj magazin

супермаркет
supermarket

рынок
rynok

универмаг
univermag

торговец рыбой
torgovec ryboj

торговый центр
torgovyj centr

порт
port

парк
park

скамейка
skamejka

мост
most

лестница
lestnica

метро
metro

тоннель
tonnel'

автобусная остановка
avtobusnaâ ostanovka

бар
bar

ресторан
restoran

почтовый ящик
počtovyj âšik

табличка с названием улицы
tablička s nazvaniem ulicy

паркометр
parkometr

зоопарк
zoopark

бассейн
bassejn

мечеть
mečeť

город - gorod

ферма
ferma

загрязнение окружающей среды
zagrâznenie okružaûŝej sredy

кладбище
kladbiŝe

церковь
cerkov'

детская площадка
detskaâ ploŝadka

храм
hram

ландшафт
landšaft

лист
list

дорожный указатель
dorožnyj ukazatel'

дорога
doroga

луг
lug

камень
kamen'

дерево
derevo

путешественник
putešestvennik

река
reka

трава
trava

цветок
cvetok

ландшафт - landšaft

долина

dolina

гора

gora

озеро

ozero

лес

les

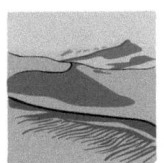

пустыня

pustynâ

вулкан

vulkan

замок

zamok

радуга

raduga

гриб

grib

пальма

pal'ma

комар

komar

муха

muha

муравей

muravej

пчела

pčela

паук

pauk

ландшафт - landšaft

15

жук
žuk

лягушка
lâguška

белка
belka

еж
ež

заяц
zaâc

сова
sova

птица
ptica

лебедь
lebed'

кабан
kaban

олень
olen'

лось
los'

плотина
plotina

ветряной генератор
vetrânoj generator

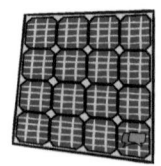

солнечная батарея
solnečnaâ batareâ

климат
klimat

ландшафт - landšaft

ресторан
restoran

закуска
zakuska

главное блюдо
glavnoe blûdo

десерт
desert

напитки
napitki

еда
eda

бутылка
butylka

фастфуд
fastfud

уличная еда
uličnaâ eda

чайник
čajnik

сахарница
saharnica

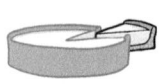
порция
porcyâ

кофеварка
kofevarka

детский стульчик
detskij stul'čik

счет
sčet

поднос
podnos

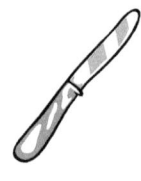
нож
nož

вилка
vilka

ложка
ložka

чайная ложка
čajnaâ ložka

салфетка
salfetka

стакан
stakan

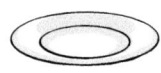

тарелка
tarelka

суповая тарелка
supovaâ tarelka

блюдце
blûdce

соус
sous

солонка
solonka

мельница для перца
mel'nica dlâ perca

уксус
uksus

масло
maslo

специи
specyi

кетчуп
ketčup

горчица
gorčica

майонез
majonez

супермаркет
supermarket

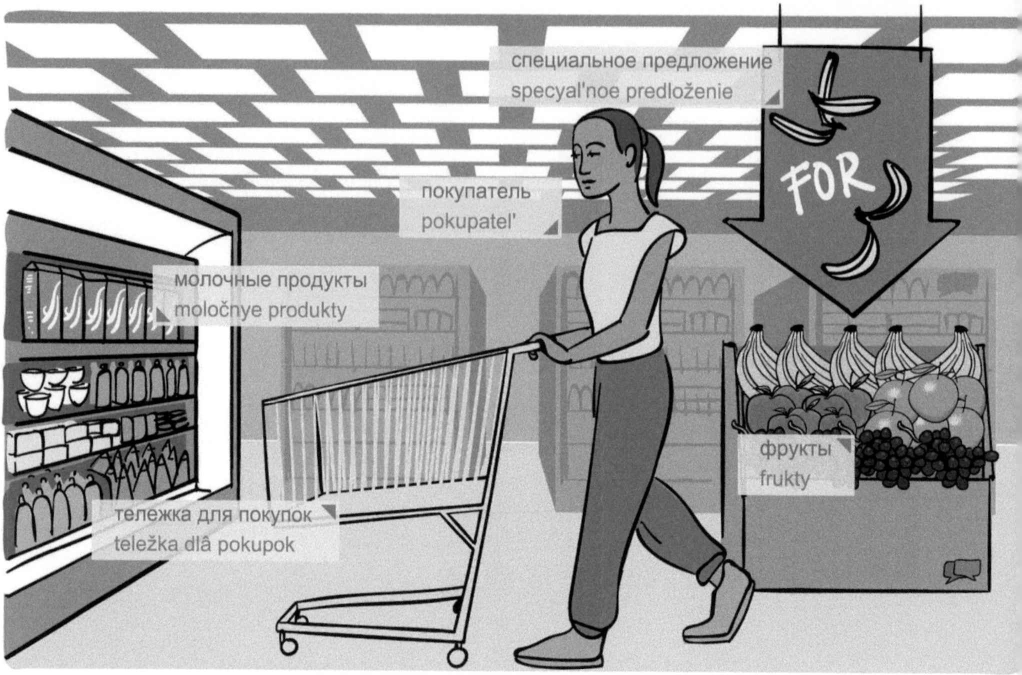

специальное предложение
specyal'noe predloženie

покупатель
pokupatel'

молочные продукты
moločnye produkty

фрукты
frukty

тележка для покупок
teležka dlâ pokupok

мясной магазин
mâsnoj magazin

пекарня
pekarnâ

взвешивать
vzvešyvať

овощи
ovoŝi

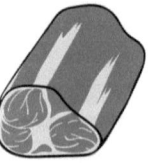

мясо
mâso

быстрозамороженные продукты
bystrozamorožennye produkty

нарезка

narezka

консервы

konservy

стиральный порошок

stiral'nyj porošok

сладости

sladosti

предмет домашнего обихода

predmet domašnego obihoda

моющее средство

moûšee sredstvo

продавщица

prodavšica

касса

kassa

кассир

kassir

список покупок

spisok pokupok

время работы

vremâ raboty

бумажник

bumažnik

кредитная карточка

kreditnaâ kartočka

сумка

sumka

полиэтиленовый пакет

poliètilenovyj paket

супермаркет - supermarket

напитки
napitki

вода
voda

сок
sok

молоко
moloko

кока-кола
koka-kola

вино
vino

пиво
pivo

алкоголь
alkogol'

какао
kakao

чай
čaj

кофе
kofe

эспрессо
èspresso

капучино
kapučino

еда
eda

банан
banan

яблоко
àbloko

апельсин
apel'sin

арбуз
arbuz

лимон
limon

морковь
morkov'

чеснок
česnok

бамбук
bambuk

лук
luk

гриб
grib

орехи
orehi

лапша
lapša

спагетти
spagetti

рис
ris

салат
salat

картофель фри
kartofel' fri

жареный картофель
žarenyj kartofel'

пицца
picca

гамбургер
gamburger

сэндвич
sèndvič

шницель
šnicel'

ветчина
vetčina

салями
salâmi

колбаса
kolbasa

курица
kurica

жаркое
žarkoe

рыба
ryba

овсяные хлопья

ovsânye hlop'â

мюсли

mûsli

кукурузные хлопья

kukuruznye hlop'â

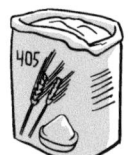

мука

muka

круассан

kruassan

булочка

buločka

хлеб

hleb

тост

tost

печенье

pečen'e

масло

maslo

творог

tvorog

пирог

pirog

яйцо

âjco

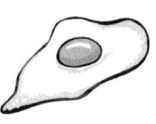

яичница

âičnica

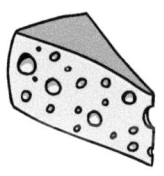

сыр

syr

мороженое
moroženoe

сахар
sahar

мёд
mëd

мармелад
marmelad

крем с нугой
krem s nugoj

карри
karri

ферма
ferma

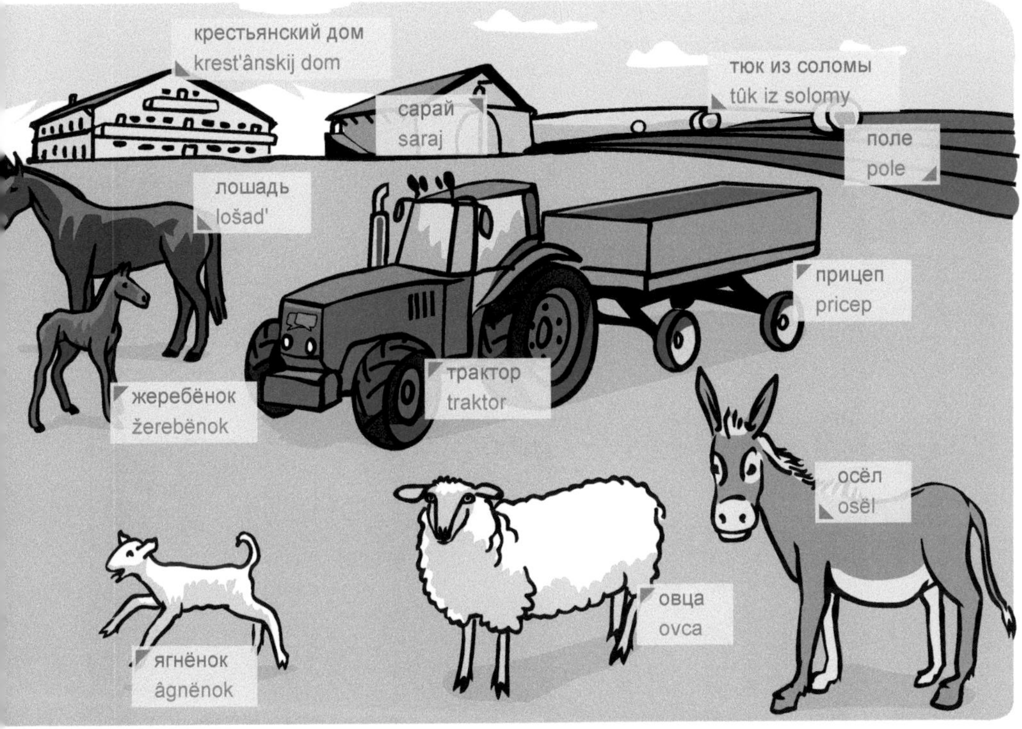

крестьянский дом
krest'ânskij dom

сарай
saraj

тюк из соломы
tûk iz solomy

поле
pole

лошадь
lošad'

прицеп
pricep

жеребёнок
žerebënok

трактор
traktor

осёл
osël

овца
ovca

ягнёнок
âgnënok

коза
koza

корова
korova

телёнок
telënok

свинья
svin'â

поросёнок
porosënok

бык
byk

гусь
gus'

утка
utka

цыплёнок
cyplënok

курица
kurica

петух
petuh

крыса
krysa

кошка
koška

мышь
myš'

вол
vol

собака
sobaka

конура
konura

садовый шланг
sadovyj šlang

лейка
lejka

коса
kosa

плуг
plug

серп
serp

мотыга
motyga

навозные вилы
navoznye vily

топор
topor

тачка
tačka

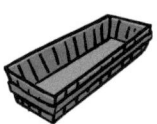

корыто
koryto

бидон для молока
bidon dlâ moloka

мешок
mešok

забор
zabor

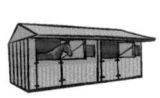

хлев
hlev

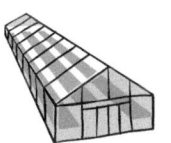

теплица
teplica

почва
počva

посев
posev

удобрение
udobrenie

комбайн
kombajn

ферма - ferma

собирать урожай

sobirať urožaj

урожай

urožaj

ямс

âms

пшеница

pšenica

соя

soâ

картофель

kartofel'

кукуруза

kukuruza

рапс

raps

фруктовое дерево

fruktovoe derevo

маниок

maniok

злаки

zlaki

дом
dom

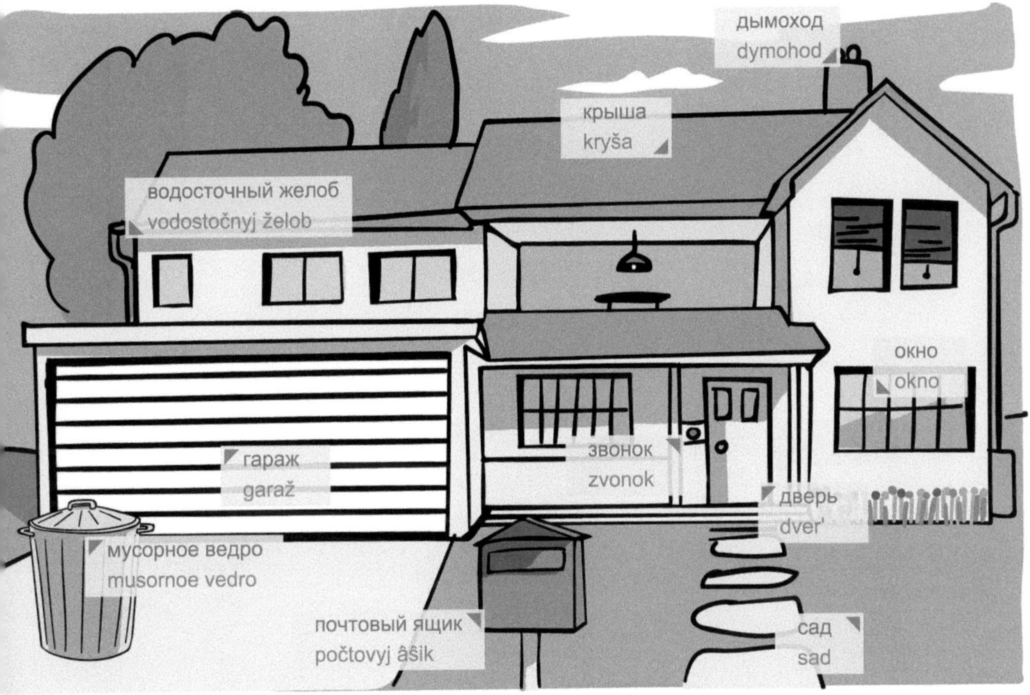

- дымоход / dymohod
- крыша / kryša
- водосточный жёлоб / vodostočnyj želob
- окно / okno
- гараж / garaž
- звонок / zvonok
- дверь / dver'
- мусорное ведро / musornoe vedro
- почтовый ящик / počtovyj âšik
- сад / sad

гостиная

gostinaâ

ванная комната

vannaâ komnata

кухня

kuhnâ

спальня

spal'nâ

детская комната

detskaâ komnata

столовая

stolovaâ

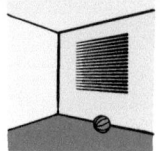
пол
pol

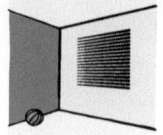
стена
stena

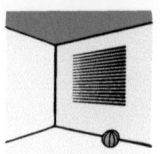
потолок
potolok

подвал
podval

сауна
sauna

балкон
balkon

терраса
terrasa

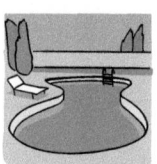
бассейн
bassejn

газонокосилка
gazonokosilka

пододеяльник
pododeâl'nik

покрывало
pokryvalo

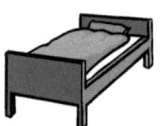
кровать
krovat'

метла
metla

ведро
vedro

выключатель
vyklûčateľ'

гостиная
gostinaâ

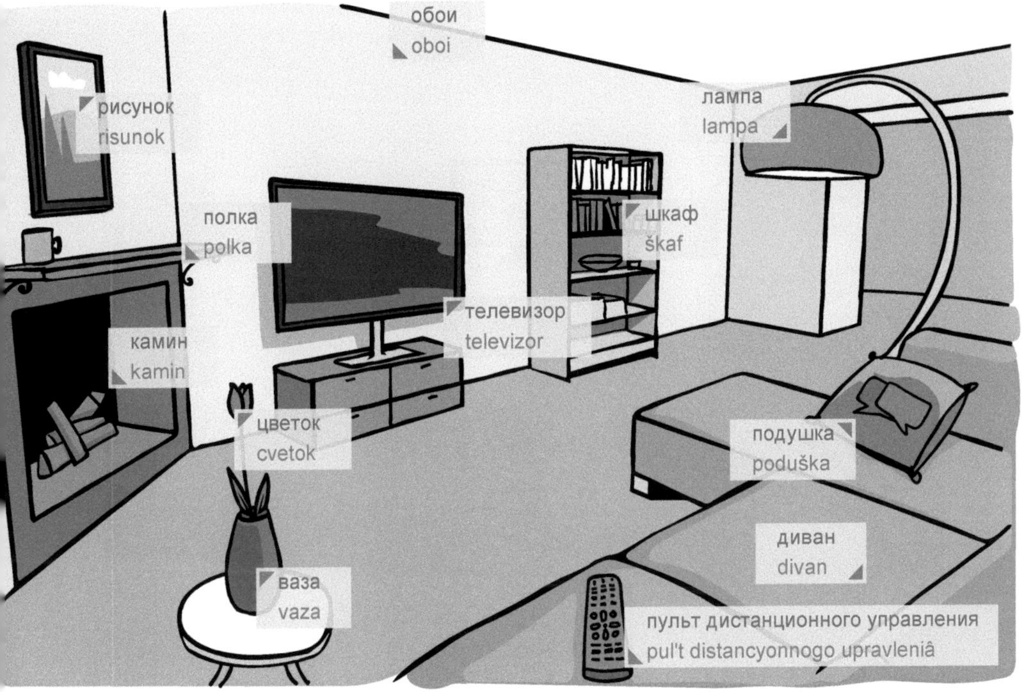

- обои / oboi
- рисунок / risunok
- лампа / lampa
- полка / polka
- шкаф / škaf
- камин / kamin
- телевизор / televizor
- цветок / cvetok
- подушка / poduška
- диван / divan
- ваза / vaza
- пульт дистанционного управления / pul't distancyonnogo upravleniâ

ковёр
kovër

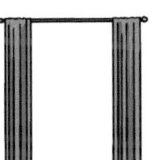

штора
štora

стол
stol

стул
stul

кресло-качалка
kreslo-kačalka

кресло
kreslo

гостиная - gostinaâ

книга
kniga

покрывало
pokryvalo

украшение
ukrašenie

дрова
drova

фильм
fil'm

стереосистема
stereosistema

ключ
klûč

газета
gazeta

картина
kartina

плакат
plakat

радио
radio

блокнот
bloknot

пылесос
pylesos

кактус
kaktus

свеча
sveča

гостиная - gostinaâ

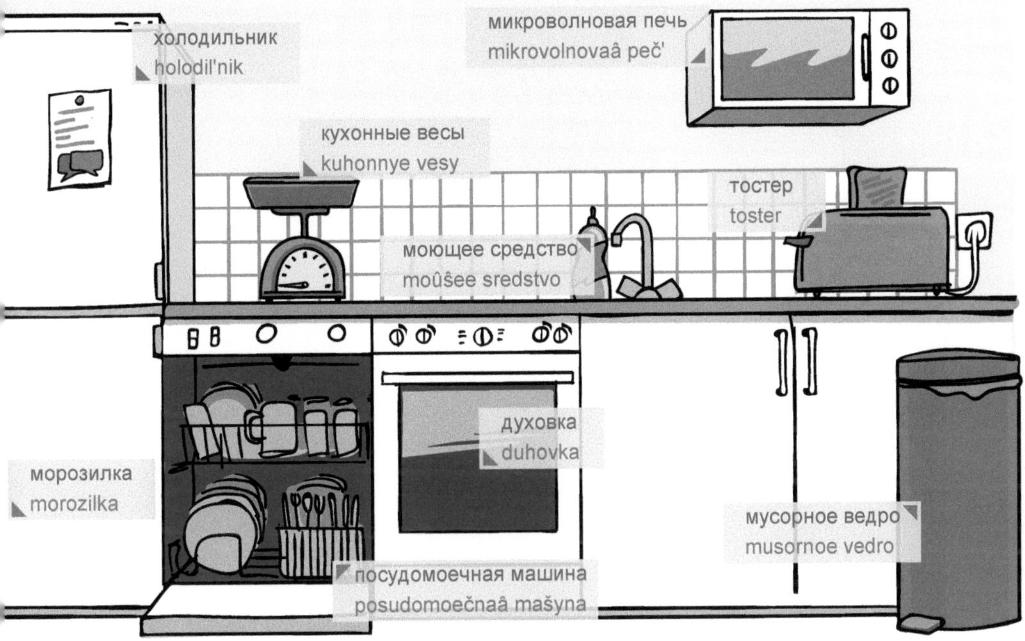

кухня
kuhnâ

холодильник
holodil'nik

микроволновая печь
mikrovolnovaâ peč'

кухонные весы
kuhonnye vesy

тостер
toster

моющее средство
moûšee sredstvo

духовка
duhovka

морозилка
morozilka

мусорное ведро
musornoe vedro

посудомоечная машина
posudomoečnaâ mašyna

плита
plita

кастрюля
kastrûlâ

чугунный котелок
čugunnyj kotelok

вок / кадай
vok / kadaj

сковорода
skovoroda

чайник
čajnik

пароварка
parovarka

противень
protiven'

посуда
posuda

кружка
kružka

миска
miska

палочки для еды
paločki dlâ edy

половник
polovnik

лопатка
lopatka

сбивалка
sbivalka

сито
sito

сито
sito

тёрка
tërka

ступка
stupka

гриль
gril'

костёр
kostër

доска
doska

скалка
skalka

штопор
štopor

жестяная банка
žestânaâ banka

консервный нож
konservnyj nož

прихватка
prihvatka

раковина
rakovina

щетка
šetka

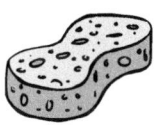

губка
gubka

миксер
mikser

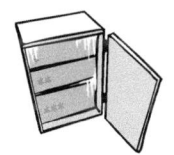

морозильная камера
morozil'naâ kamera

бутылочка для кормления
butyločka dlâ kormleniâ

кран
kran

кухня - kuhnâ

ванная комната
vannaâ komnata

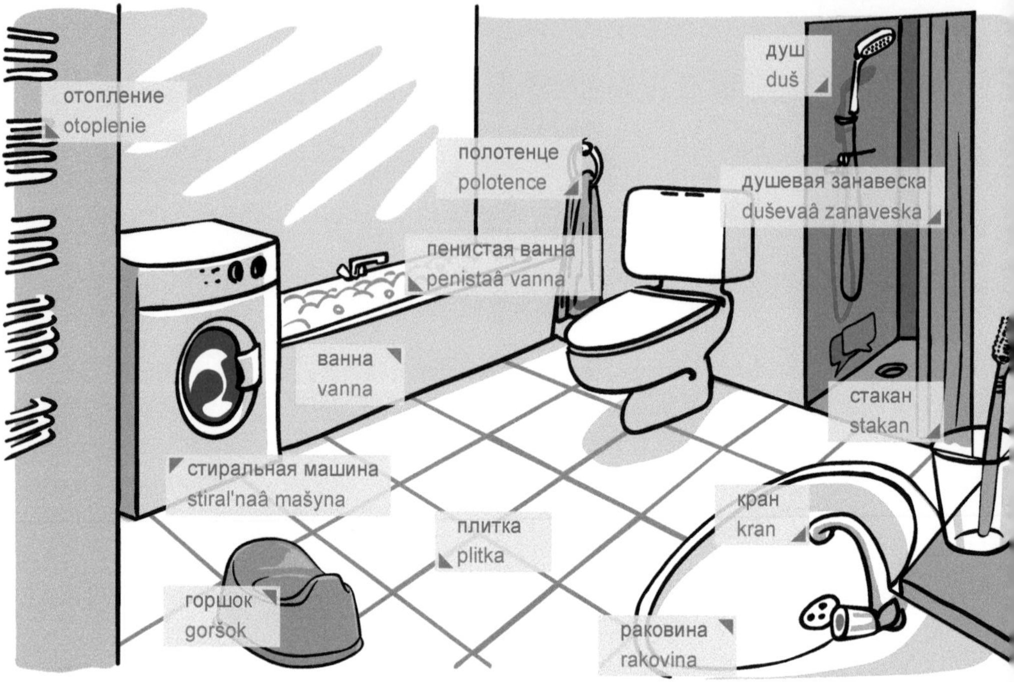

- отопление / otoplenie
- душ / duš
- полотенце / polotence
- душевая занавеска / duševaâ zanaveska
- пенистая ванна / penistaâ vanna
- ванна / vanna
- стакан / stakan
- стиральная машина / stiral'naâ mašyna
- кран / kran
- горшок / goršok
- плитка / plitka
- раковина / rakovina

туалет / tualet	напольный унитаз / napol'nyj unitaz	биде / bide
писсуар / pissuar	туалетная бумага / tualetnaâ bumaga	ершик / eršyk

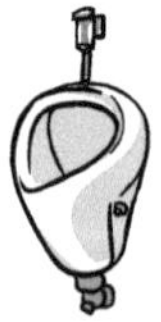

зубная щетка
zubnaâ šetka

зубная паста
zubnaâ pasta

зубная нить
zubnaâ niť

мыть
myť

ручной душ
ručnoj duš

интимный душ
intimnyj duš

таз
taz

щетка для спины
šetka dlâ spiny

мыло
mylo

гель для душа
gel' dlâ duša

шампунь
šampun'

мочалка
močalka

сток
stok

крем
krem

дезодорант
dezodorant

ванная комната - vannaâ komnata 39

зеркало
zerkalo

ручное зеркало
ručnoe zerkalo

бритва
britva

пена для бритья
pena dlâ brit'â

лосьон после бритья
los'on posle brit'â

расческа
rasčeska

щетка
šetka

фен
fen

лак для волос
lak dlâ volos

косметика
kosmetika

губная помада
gubnaâ pomada

лак для ногтей
lak dlâ nogtej

вата
vata

маникюрные ножницы
manikûrnye nožnicy

духи
duhi

ванная комната - vannaâ komnata

косметичка — kosmetička

табуретка — taburetka

весы — vesy

халат — halat

резиновые перчатки — rezinovye perčatki

тампон — tampon

 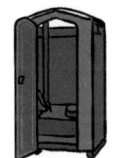

гигиеническая прокладка — gigieničeskaâ prokladka

биотуалет — biotualet

ванная комната - vannaâ komnata

детская комната

detskaâ komnata

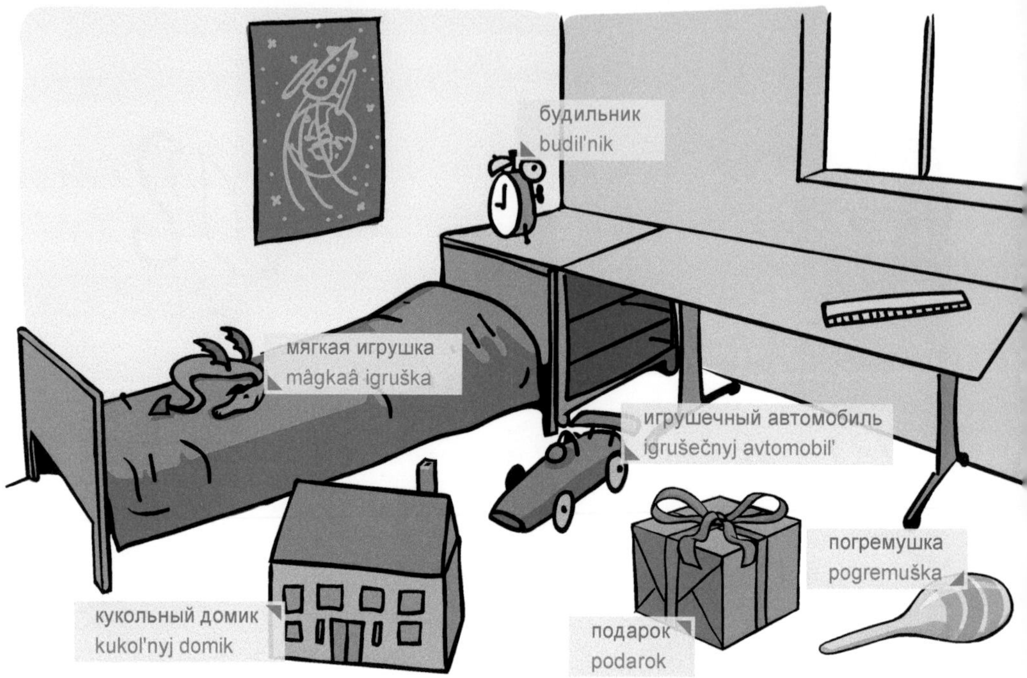

будильник
budil'nik
мягкая игрушка
mâgkaâ igruška
игрушечный автомобиль
igrušečnyj avtomobil'
погремушка
pogremuška
кукольный домик
kukol'nyj domik
подарок
podarok

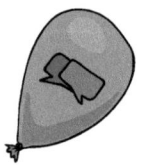

воздушный шар

vozdušnyj šar

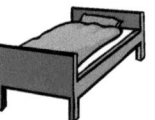

кровать

krovat'

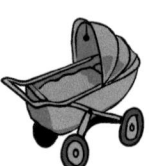

детская коляска

detskaâ kolâska

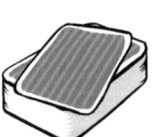

карточная игра

kartočnaâ igra

пазл

pazl

SUPER
MEGA

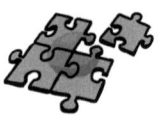

комикс

komiks

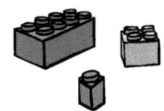

кирпичики Лего
kirpičiki Lego

кубики
kubiki

игрушечная фигурка
igrušečnaâ figurka

ползунки
polzunki

фрисби
frisbi

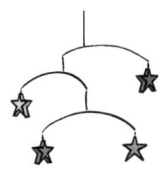

мобиле
mobile

настольная игра
nastol'naâ igra

кубик
kubik

модель железной дороги
model' železnoj dorogi

соска
soska

вечеринка
večerinka

книга с картинками
kniga s kartinkami

мяч
mâč

кукла
kukla

играть
igrat'

детская комната - detskaâ komnata

песочница
pesočnica

качели
kačeli

игрушка
igruška

игровая приставка
igrovaâ pristavka

трёхколесный велосипед
trëhkolesnyj velosiped

плюшевый медвежонок
plûševyj medvežonok

шкаф для одежды
škaf dlâ odeždy

одежда
odežda

носки
noski

чулки
čulki

колготки
kolgotki

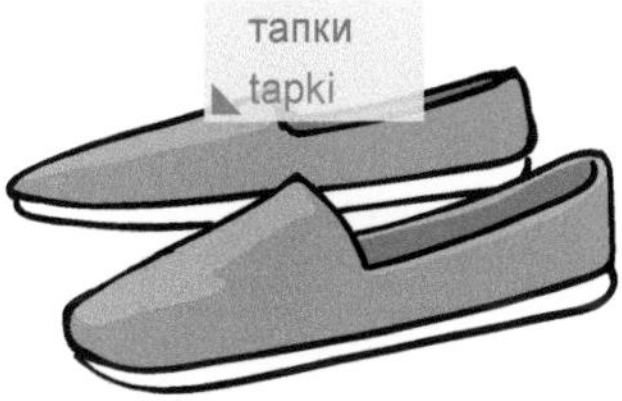

шарф / šarf

зонтик / zontik

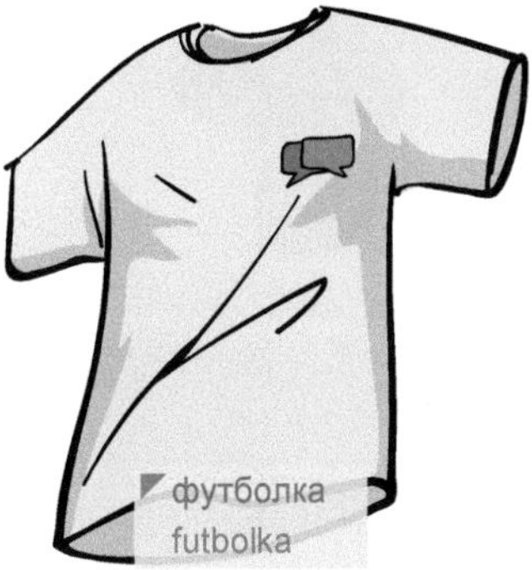

футболка / futbolka

ремень / remen'

кроссовки / krossovki

сапоги / sapogi

тапки / tapki

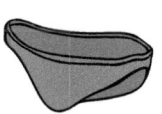

сандалии
sandalii

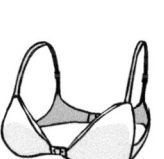

ботинки
botinki

резиновые сапоги
rezinovye sapogi

трусы
trusy

бюстгальтер
bûstgal'ter

майка
majka

одежда - odežda

боди
bodi

брюки
brûki

джинсы
džynsy

юбка
ûbka

блузка
bluzka

рубашка
rubaška

свитер
sviter

свитер
sviter

спортивная куртка
sportivnaâ kurtka

жакет
žaket

пальто
pal'to

плащ
plaš

костюм
kostûm

платье
plat'e

свадебное платье
svadebnoe plat'e

одежда - odežda

мужской костюм
mužskoj kostûm

ночная сорочка
nočnaâ soročka

пижама
pižama

сари
sari

платок
platok

тюрбан
tûrban

паранджа
parandža

кафтан
kaftan

абайя
abajâ

купальник
kupal'nik

плавки
plavki

шорты
šorty

спортивный костюм
sportivnyj kostûm

фартук
fartuk

перчатки
perčatki

пуговица
pugovica

очки
očki

браслет
braslet

цепочка
cepočka

кольцо
kol'co

серьга
ser'ga

шапка
šapka

вешалка
vešalka

шляпа
šlâpa

галстук
galstuk

застежка молния
zastežka molniâ

шлем
šlem

подтяжки
podtâžki

школьная форма
škol'naâ forma

форма
forma

детский нагрудник
detskij nagrudnik

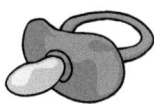
соска
soska

подгузник
podguznik

офис
ofis

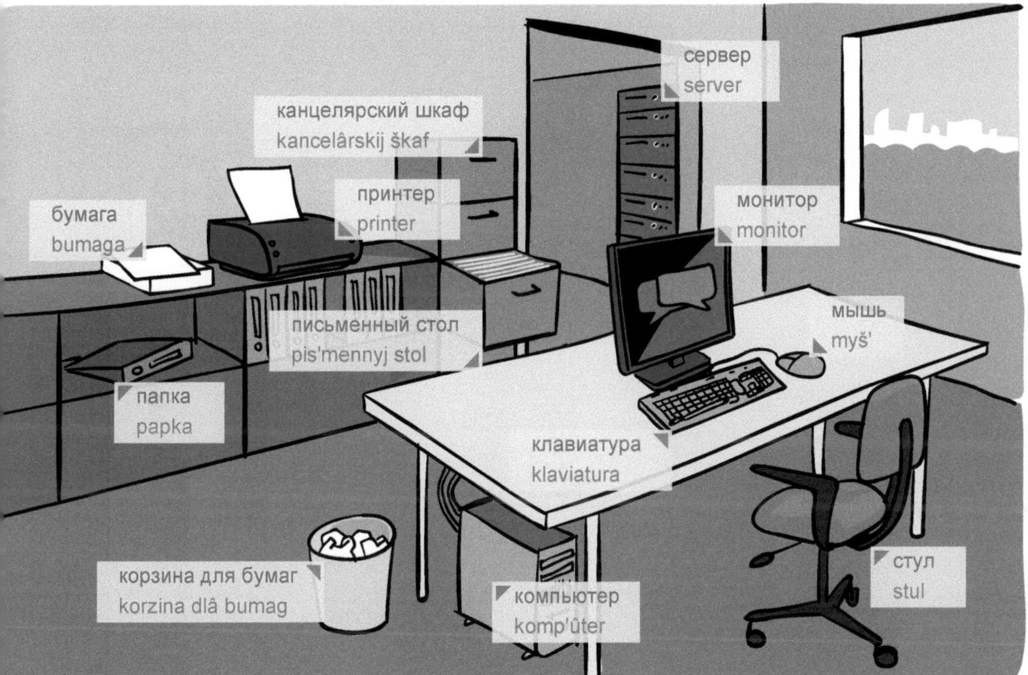

сервер
server

канцелярский шкаф
kancelârskij škaf

принтер
printer

монитор
monitor

бумага
bumaga

письменный стол
pis'mennyj stol

мышь
myš'

папка
papka

клавиатура
klaviatura

стул
stul

корзина для бумаг
korzina dlâ bumag

компьютер
komp'ûter

кофейная кружка
kofejnaâ kružka

калькулятор
kal'kulâtor

интернет
internet

ноутбук
noutbuk

письмо
pis'mo

сообщение
soobšenie

мобильный телефон
mobil'nyj telefon

сеть
set'

ксерокс
kseroks

программа
programma

телефон
telefon

розетка
rozetka

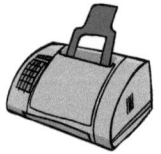

факс
faks

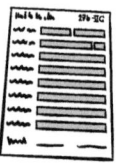

формуляр
formulâr

документ
dokument

экономика
èkonomika

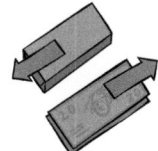
покупать
pokupat'

платить
platit'

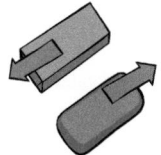
торговать
torgovat'

деньги
den'gi

доллар
dollar

евро
evro

иена
iena

рубль
rubl'

франк
frank

жэньминьби юань
žèn'min'bi ûan'

рупия
rupiâ

банкомат
bankomat

пункт обмена валюты	золото	серебро
punkt obmena valûty	zoloto	serebro

нефть	энергия	цена
neft'	ènergiâ	cena

  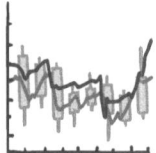

договор	налог	акция
dogovor	nalog	akcyâ

работать	служащий	работодатель
rabotat'	služaŝij	rabotodatel'

фабрика	магазин
fabrika	magazin

профессии
professii

милиционер
milicyoner

пожарный
požarnyj

повар
povar

врач
vrač

пилот
pilot

садовник
sadovnik

столяр
stolâr

швея
šveâ

судья
sud'â

химик
himik

актёр
aktër

водитель автобуса

voditel' avtobusa

таксист

taksist

рыбак

rybak

уборщица

uborŝica

кровельщик

krovel'ŝik

официант

oficyant

охотник

ohotnik

художник

hudožnik

пекарь

pekar'

электрик

èlektrik

строитель

stroitel'

инженер

inžener

мясник

mâsnik

сантехник

santehnik

почтальон

počtal'on

профессии - professii

солдат
soldat

архитектор
arhitektor

кассир
kassir

флорист
florist

парикмахер
parikmaher

кондуктор
konduktor

механик
mehanik

капитан
kapitan

зубной врач
zubnoj vrač

ученый
učenyj

раввин
ravvin

имам
imam

монах
monah

священник
svâŝennik

инструменты
instrumenty

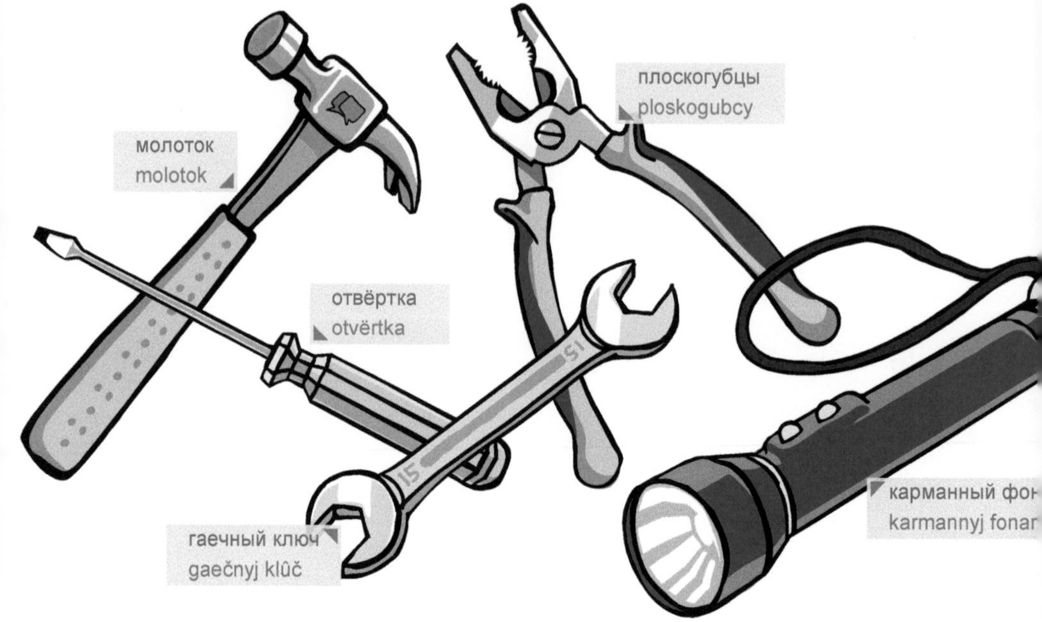

молоток / molotok

плоскогубцы / ploskogubcy

отвёртка / otvërtka

гаечный ключ / gaečnyj klûč

карманный фонарь / karmannyj fonar'

экскаватор
èkskavator

ящик для инструментов
âšik dlâ instrumentov

стремянка
stremânka

пила
pila

гвозди
gvozdi

дрель
drel'

ремонтировать

remontirovat'

лопата

lopata

Блин!

Blin!

совок

sovok

ведро с краской

vedro s kraskoj

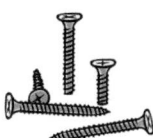

винты

vinty

музыкальные инструменты
muzykal'nye instrumenty

пианино
pianino

скрипка
skripka

бас-гитара
bas-gitara

литавры
litavry

барабан
baraban

синтезатор
sintezator

саксофон
saksofon

флейта
flejta

микрофон
mikrofon

музыкальные инструменты - muzykal'nye instrumenty

зоопарк
zoopark

вход / vhod

тигр / tigr

клетка / kletka

зебра / zebra

корм / korm

панда / panda

животные
žyvotnye

слон
slon

кенгуру
kenguru

носорог
nosorog

горилла
gorilla

медведь
medved'

верблюд
verblûd

страус
straus

лев
lev

обезьяна
obez'âna

фламинго
flamingo

попугай
popugaj

белый медведь
belyj medved'

пингвин
pingvin

акула
akula

павлин
pavlin

змея
zmeâ

крокодил
krokodil

служитель зоопарка
služytel' zooparka

тюлень
tûlen'

ягуар
âguar

зоопарк - zoopark

пони
poni

леопард
leopard

бегемот
begemot

жираф
żyraf

орёл
orël

кабан
kaban

рыба
ryba

черепаха
čerepaha

морж
morż

лиса
lisa

газель
gazel'

зоопарк - zoopark

спорт
sport

футбол
futbol

бадминтон
badminton

лёгкая атлетика
lëgkaâ atletika

гандбол
gandbol

лыжный спорт
lyžnyj sport

поло
polo

действия
dejstviâ

- прыгать / prygat'
- обнимать / obnimat'
- смеяться / smeât'sâ
- идти / idti
- петь / pet'
- молиться / molit'sâ
- целовать / celovat'
- мечтать / mečtat'

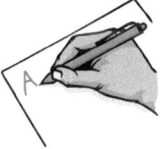

писать
pisat'

рисовать
risovat'

показывать
pokazyvat'

нажимать
nažymat'

давать
davat'

брать
brat'

иметь
imet'

делать
delat'

быть
byt'

стоять
stoât'

бежать
bežat'

тянуть
tânut'

бросать
brosat'

падать
padat'

лежать
ležat'

ждать
ždat'

носить
nosit'

сидеть
sidet'

надевать
nadevat'

спать
spat'

просыпаться
prosypat'sâ

рассматривать

rassmatrivat'

плакать

plakat'

гладить

gladit'

причесывать

pričesyvat'

говорить

govorit'

понимать

ponimat'

спрашивать

sprašyvat'

слушать

slušat'

пить

pit'

кушать

kušat'

наводить порядок

navodit' porâdok

любить

lûbit'

готовить

gotovit'

ехать

ehat'

летать

letat'

действия - dejstviâ

ходить под парусом
hodit' pod parusom

считать
sčitat'

читать
čitat'

учиться
učit'sâ

работать
rabotat'

вступать в брак
vstupat' v brak

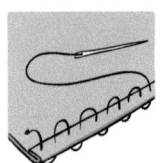
шить
šyt'

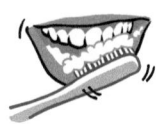
чистить зубы
čistit' zuby

убивать
ubivat'

курить
kurit'

отправлять
otpravlât'

семья
sem'â

бабушка / babuška

дедушка / deduška

папа / papa

мама / mama

младенец / mladenec

дочь / doč'

сын / syn

гость

гость
gost'

тетя
tetâ

дядя
dâdâ

брат
brat

сестра
sestra

тело
telo

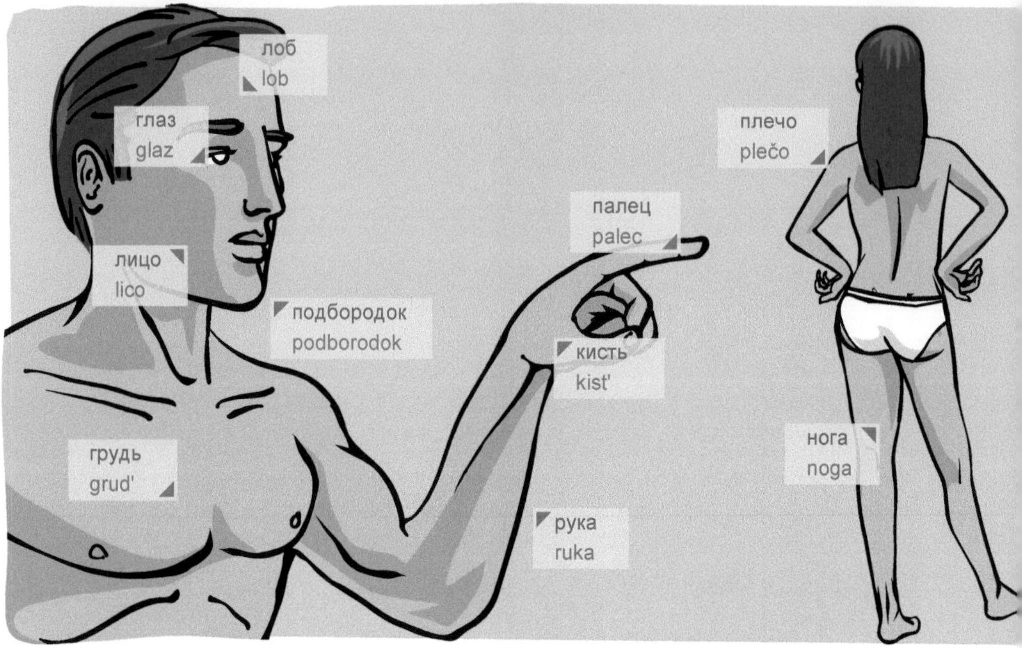

лоб / lob
глаз / glaz
лицо / lico
подбородок / podborodok
грудь / grud'
палец / palec
кисть / kist'
рука / ruka
плечо / plečo
нога / noga

младенец
mladenec

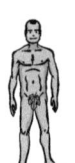

мужчина
mužčina

женщина
ženšina

девочка
devočka

мальчик
mal'čik

голова
golova

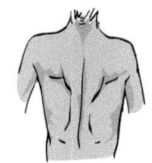

спина
spina

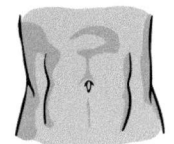

живот
žyvot

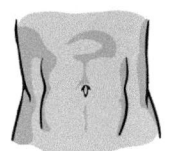

пупок
pupok

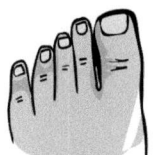

палец ноги
palec nogi

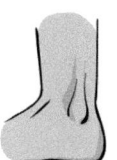

пятка
pâtka

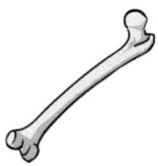

кость
kosť

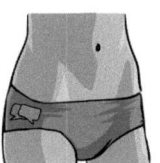

бедро
bedro

колено
koleno

локоть
lokoť

нос
nos

ягодицы
âgodicy

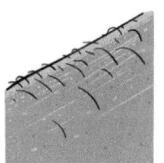

кожа
koža

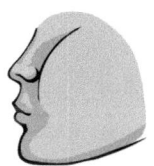

щека
ŝeka

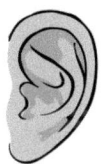

ухо
uho

губа
guba

рот
rot

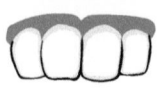

зуб
zub

язык
âzyk

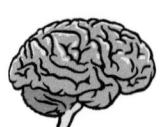

мозг
mozg

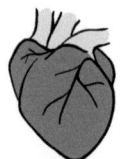

сердце
serdce

мышца
myšca

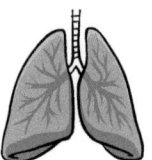

лёгкое
lëgkoe

печень
pečen'

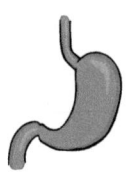

желудок
želudok

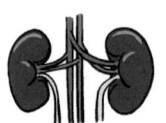

почки
počki

половой акт
polovoj akt

презерватив
prezervativ

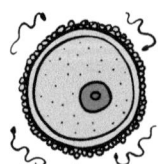

яйцеклетка
âjcekletka

сперма
sperma

беременность
beremennost'

тело - telo

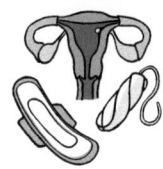

менструация

menstruacyâ

вагина

vagina

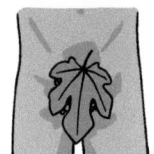

пенис

penis

бровь

brov'

волосы

volosy

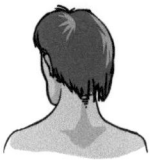

шея

šeâ

больница
bol'nica

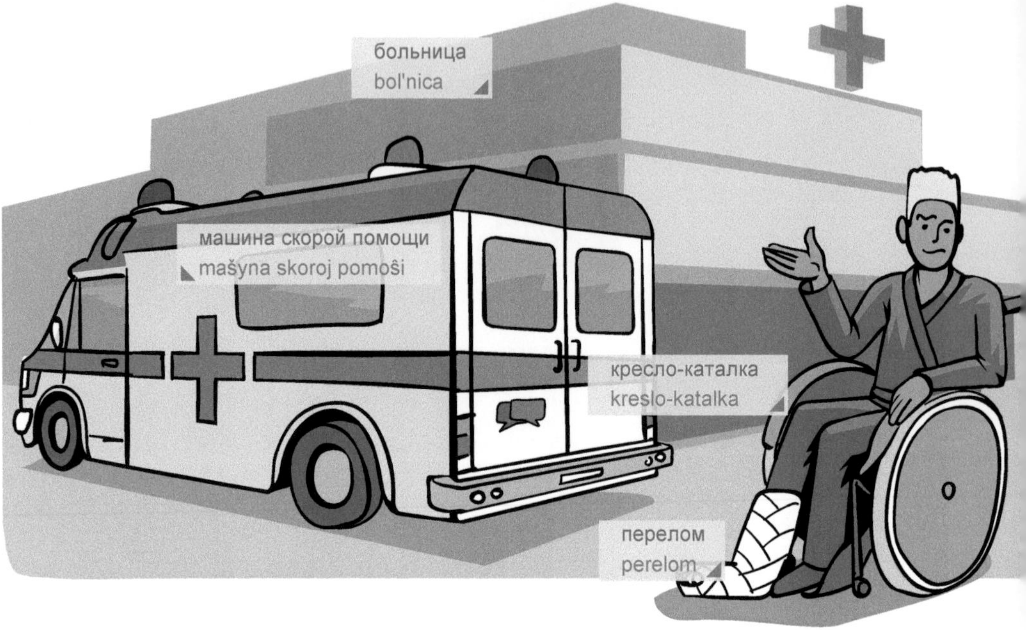

больница
bol'nica

машина скорой помощи
mašyna skoroj pomoši

кресло-каталка
kreslo-katalka

перелом
perelom

врач

vrač

пункт первой помощи

punkt pervoj pomoši

медсестра

medsestra

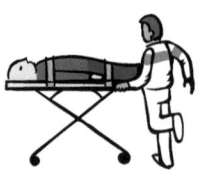

неотложный случай

neotložnyj slučaj

без сознания

bez soznaniâ

боль

bol'

повреждение
povreždenie

кровотечение
krovotečenie

инфаркт
infarkt

инсульт
insul't

аллергия
allergiâ

кашель
kašel'

повышенная температура
povyšennaâ temperatura

грипп
gripp

понос
ponos

головная боль
golovnaâ bol'

рак
rak

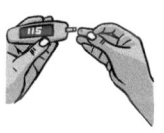
диабет
diabet

хирург
hirurg

скальпель
skal'pel'

операция
operacyâ

больница - bol'nica

КТ
KT

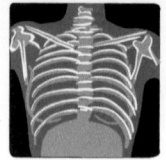
рентген
rentgen

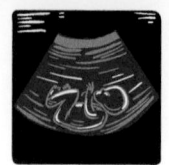
ультразвук
ul'trazvuk

маска
maska

болезнь
bolezn'

приёмная
priëmnaâ

костыль
kostyl'

пластырь
plastyr'

бинт
bint

укол
ukol

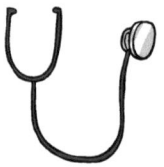
стетоскоп
stetoskop

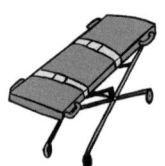
носилки
nosilki

термометр
termometr

рождение
roždenie

избыточный вес
izbytočnyj ves

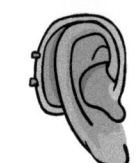
слуховой аппарат
sluhovoj apparat

дезинфекционное средство
dezinfekcyonnoe sredstvo

инфекция
infekcyâ

вирус
virus

ВИЧ / СПИД
VIČ / SPID

лекарство
lekarstvo

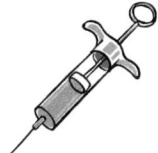
прививка
privivka

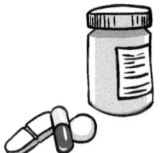
таблетки
tabletki

противозачаточная таблетка
protivozačatočnaâ tabletka

экстренный вызов
èkstrennyj vyzov

прибор для измерения кровяного давления
pribor dlâ izmereniâ krovânogo davleniâ

больной / здоровый
bol'noj / zdorovyj

больница - bol'nica

неотложный случай
neotložnyj slučaj

Помогите!
Pomogite!

сигнал тревоги
signal trevogi

нападение
napadenie

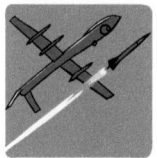

атака
ataka

опасность
opasnosť

запасной выход
zapasnoj vyhod

Пожар!
Požar!

огнетушитель
ognetušyteľ

несчастный случай
nesčastnyj slučaj

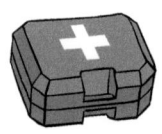

аптечка
aptečka

SOS
SOS

милиция
milicyâ

земля
zemlâ

Европа
Evropa

Северная Америка
Severnaâ Amerika

Южная Америка
Ûžnaâ Amerika

Африка
Afrika

Азия
Aziâ

Австралия
Avstraliâ

Атлантический океан
Atlantičeskij okean

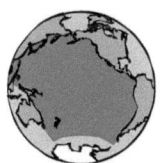
Тихий океан
Tihij okean

Индийский океан
Indijskij okean

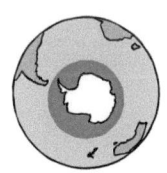
Антарктический океан
Antarktičeskij okean

Северный Ледовитый океан
Severnyj Ledovityj okean

Северный полюс
Severnyj polûs

Южный полюс — Ûžnyj polûs

Антарктика — Antarktika

земля — zemlâ

  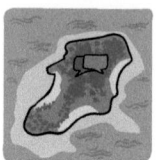

суша — suša

море — more

остров — ostrov

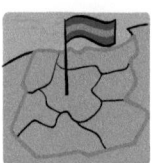 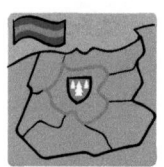

нация — nacyâ

государство — gosudarstvo

часы
časy

циферблат

cyferblat

часовая стрелка

časovaâ strelka

минутная стрелка

minutnaâ strelka

секундная стрелка

sekundnaâ strelka

Который час?

Kotoryj čas?

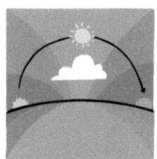

день

den'

время

vremâ

сейчас

sejčas

электронные часы

èlektronnye časy

минута

minuta

час

čas

неделя
nedelâ

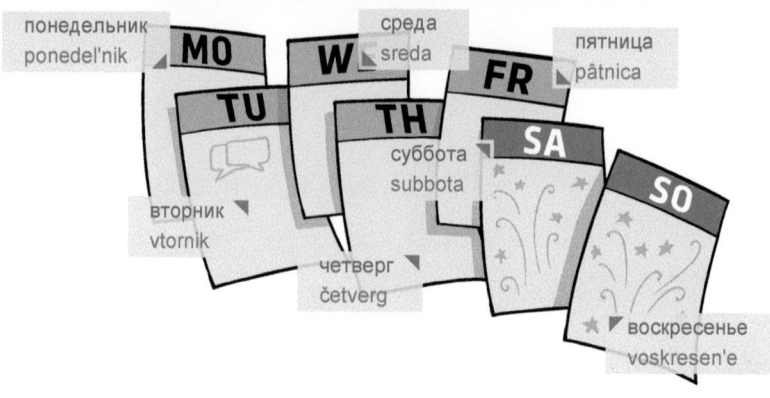

понедельник — ponedel'nik
вторник — vtornik
среда — sreda
четверг — četverg
пятница — pâtnica
суббота — subbota
воскресенье — voskresen'e

вчера
včera

сегодня
segodnâ

завтра
zavtra

утро
utro

полдень
polden'

вечер
večer

рабочие дни
rabočie dni

выходные
vyhodnye

год
god

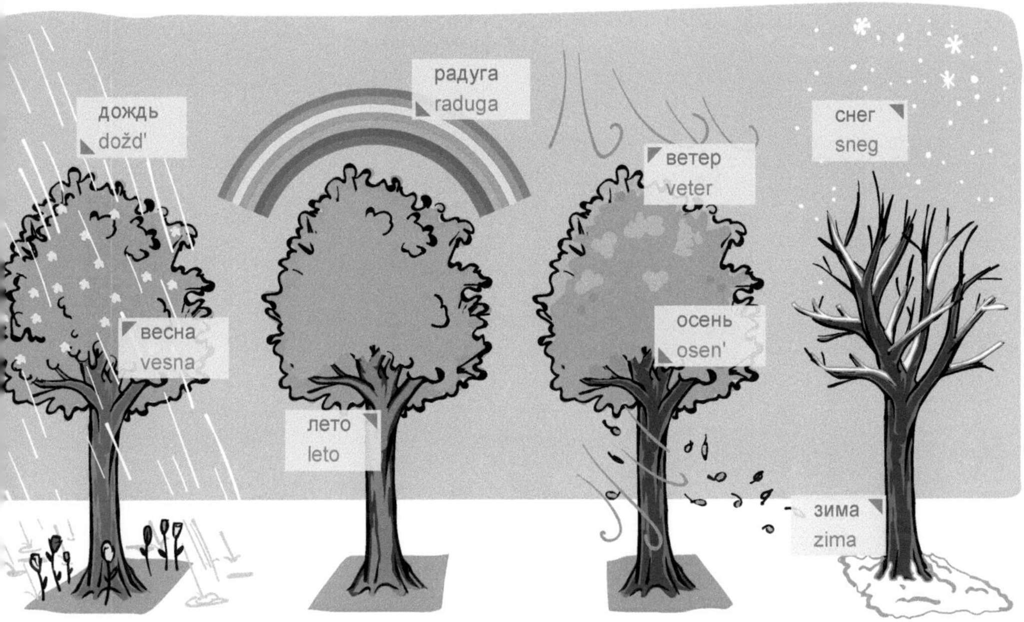

дождь
dožd'
радуга
raduga
ветер
veter
снег
sneg
весна
vesna
осень
osen'
лето
leto
зима
zima

4.APRIL 11°
5.APRIL 4°
6.APRIL 13°
7.APRIL 8°
8.APRIL 10°

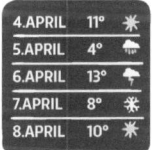

прогноз погоды

prognoz pogody

F C
120 40
90 30
60 20
30 10
0 0
-30 -10
-20

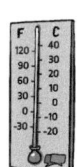

термометр

termometr

солнечный свет

solnečnyj svet

туча

tuča

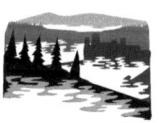

туман

tuman

влажность воздуха

vlažnost' vozduha

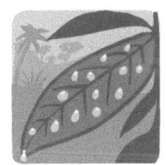

молния
molniâ

гром
grom

буря
burâ

град
grad

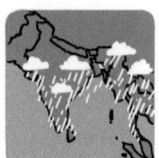
муссон
musson

наводнение
navodnenie

лёд
lëd

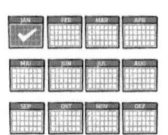
январь
ânvar'

февраль
fevral'

март
mart

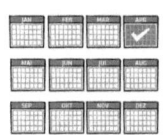
апрель
aprel'

май
maj

июнь
iûn'

июль
iûl'

август
avgust

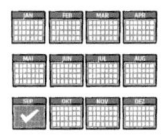
сентябрь
sentâbr'

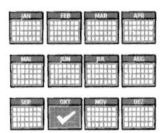
октябрь
oktâbr'

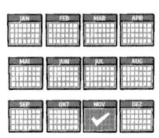
ноябрь
noâbr'

декабрь
dekabr'

формы
formy

круг
krug

квадрат
kvadrat

прямоугольник
prâmougol'nik

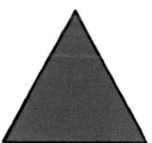
треугольник
treugol'nik

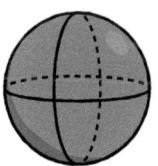
шар
šar

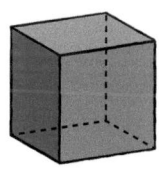
куб
kub

цвета
cveta

белый
belyj

желтый
želtyj

оранжевый
oranževyj

розовый
rozovyj

красный
krasnyj

лиловый
lilovyj

синий
sinij

зелёный
zelënyj

коричневый
koričnevyj

серый
seryj

черный
černyj

противоположности
protivopoložnosti

много / мало
mnogo / malo

яростный / мирный
ârostnyj / mirnyj

красивый / уродливый
krasivyj / urodlivyj

начало / конец
načalo / konec

большой / маленький
bol'šoj / malen'kij

светлый / тёмный
svetlyj / temnyj

брат / сестра
brat / sestra

чистый / грязный
čistyj / grâznyj

полный / неполный
polnyj / nepolnyj

день / ночь
den' / noč'

мёртвый / живой
mërtvyj / žyvoj

широкий / узкий
šyrokij / uzkij

съедобный / несъедобный
s"edobnyj / nes"edobnyj

злой / дружелюбный
zloj / družel ûbnyj

взволнованный / скучающий
vzvolnovannyj / skučaûŝij

толстый / худой
tolstyj / hudoj

сначала / в конце
snačala / v konce

друг / враг
drug / vrag

полный / пустой
polnyj / pustoj

твёрдый / мягкий
tvërdyj / mâgkij

тяжёлый / легкий
tâžëlyj / legkij

голод / жажда
golod / žažda

больной / здоровый
bol'noj / zdorovyj

незаконный / законный
nezakonnyj / zakonnyj

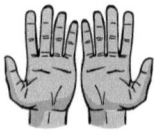

умный / глупый
umnyj / glupyj

слева / справа
sleva / sprava

близко / далеко
blizko / daleko

противоположности - protivopoložnosti

новый / подержанный

novyj / poderžannyj

ничто / нечто

ničto / nečto

старый / молодой

staryj / molodoj

включено / выключено

vklûčeno / vyklûčeno

открыто / закрыто

otkryto / zakryto

тихо / громко

tiho / gromko

богатый / бедный

bogatyj / bednyj

правильный / неправильный

pravil'nyj / nepravil'nyj

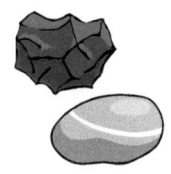

шероховатый / гладкий

šerohovatyj / gladkij

печальный / счастливый

pečal'nyj / sčastlivyj

короткий / длинный

korotkij / dlinnyj

медленный / быстрый

medlennyj / bystryj

мокрый / сухой

mokryj / suhoj

тёплый / прохладный

tëplyj / prohladnyj

война / мир

vojna / mir

противоположности - protivopoložnosti

цифры
cyfry

0 ноль — nol'

1 один — odin

2 два — dva

3 три — tri

4 четыре — četyre

5 пять — pât'

6 шесть — šesť

7 семь — sem'

8 восемь — vosem'

9 девять — devât'

10 десять — desât'

11 одиннадцать — odinnadcat'

12	**13**	**14**
двенадцать	тринадцать	четырнадцать
dvenadcat'	trinadcat'	četyrnadcat'
15	**16**	**17**
пятнадцать	шестнадцать	семнадцать
pâtnadcat'	šestnadcat'	semnadcat'
18	**19**	**20**
восемнадцать	девятнадцать	двадцать
vosemnadcat'	devâtnadcat'	dvadcat'
100	**1.000**	**1.000.000**
сто	тысяча	миллион
sto	tysâča	million

цифры - cyfry

ЯЗЫКИ
âzyki

английский
anglijskij

американский английский
amerikanskij anglijskij

мандаринский китайский
mandarinskij kitajskij

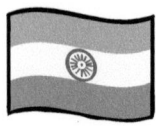

хинди
hindi

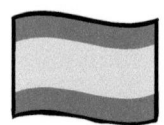

испанский
ispanskij

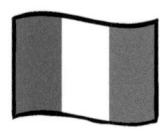

французский
francuzskij

арабский
arabskij

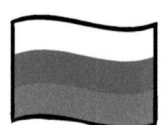

русский
russkij

португальский
portugal'skij

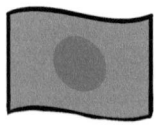

бенгальский
bengal'skij

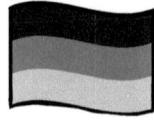

немецкий
nemeckij

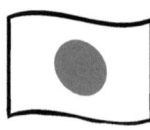

японский
âponskij

кто / что / как
kto / čto / kak

я
â

ты
ty

он / она / оно
on / ona / ono

мы
my

вы
vy

они
oni

кто?
kto?

что?
čto?

как?
kak?

где?
gde?

когда?
kogda?

имя
imâ

где
gde

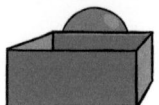

за

za

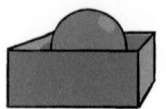

в

v

перед

pered

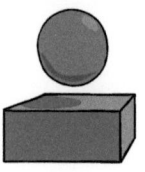

над

nad

на

na

под

pod

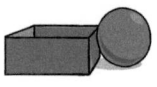

рядом

râdom

между

meždu

место

mesto